Cherche Dieu de tout ton cœur

« Vous me chercherez et vous me trouverez ;
oui, recherchez-moi de tout votre cœur. »

Jérémie 29,13

À Alexandre, mon cousin.

mame

Direction : Guillaume Arnaud
Direction éditoriale : Sophie Cluzel
Édition : Camille Icole

Direction artistique : Armelle Riva

Direction de fabrication : Thierry Dubus
Fabrication : Florence Bellot

57, rue Gaston Tessier, CS 50061, 75166 Paris Cedex 19
www.mameeditions.com

ISBN : 9782728929252
MDS : MM29252

Cherche Dieu de tout ton cœur

Texte et illustrations de frère François Fontanié CFR

mame

« François, pourquoi a-t-on construit cette église ?

– Au fil des siècles, Dieu a laissé des signes de Sa présence dans la vie des hommes. Et les hommes ont répondu en construisant cette église.

– Dieu a-t-il laissé des signes dans ta vie aussi ?

– Oui ! Laisse-moi t'expliquer... »

I.

Dieu a laissé dans ma vie
un signe de Sa présence
à travers l'exemple des saints.

Quand j'étais enfant, ma mère m'a enseigné la vie des saints. J'étais fasciné par ces vies si belles.

C'était comme si ces hommes et ces femmes laissaient passer toujours la même lumière. Cette lumière, c'est celle de Dieu.

II.

Dieu a laissé dans ma vie
un signe de Sa présence
à travers l'exemple
des religieux d'aujourd'hui.

Regarde comme tante Catherine

aime les pauvres...

Regarde comme oncle Antoine est heureux…
Quelle est la source de leur joie
et de leur service ?

III.

Dieu a laissé dans ma vie un signe
de Sa présence
à travers la Création.

Enfant, j'ai passé des heures à observer
la nature.
Regarde la lumière qui transperce les feuillages,
la grâce de cet oiseau qui s'envole, l'air surpris
de ce chevreuil...
C'est comme si tout ce qui respirait chantait
les louanges d'un mystérieux Créateur.

En grandissant, j'ai étudié les sciences.
Je me suis vite rendu compte qu'on n'aura
jamais fini de comprendre le monde.

À la conquête de l'infiniment petit,
on trouvera toujours plus petit.
À la conquête de l'infiniment grand,
on trouvera toujours plus grand.

Et tout, depuis l'infiniment petit
jusqu'à l'infiniment grand, est si beau...

Tout cela peut-il vraiment être
le fruit du hasard ?

IV.

Dieu a laissé dans ma vie un signe
de Sa présence à travers
la Bible.

Jeune homme, je me suis mis à lire la Bible. Je la lis encore aujourd'hui sans en épuiser les trésors.

La Bible nous apprend que, depuis
des millénaires, les hommes marchent
sur le même chemin.
Ce chemin passe par la croix, et mène
à la résurrection et à la vie éternelle avec Dieu.

Sur ce chemin, la Bible est la parole de Dieu.
À chaque carrefour, cette parole t'indique
la direction à prendre.

V.

Dieu a laissé dans ma vie un signe
de Sa présence à travers
la **Providence**.

Un été, je suis allé marcher dans le sud
de la France.
À la fin de la randonnée, je cherchais la gare.
C'était dimanche, et je devais être de retour
à Paris le lendemain pour mon travail.
Impossible de trouver la gare !

La nuit tombait et je ne savais plus où chercher.
En désespoir de cause, je me suis mis à faire
de l'auto-stop.
Et là, miracle ! Je suis rentré à Paris
en un temps record.

J'ai compris ce jour-là que la Providence
de Dieu n'était pas une légende.
Dieu nous vient en aide, pourvu
qu'on lui fasse confiance.

VI.

Dieu a laissé dans ma vie
un signe de Sa présence
à travers ma vocation.

Mais j'ai vraiment vu un signe de Dieu
dans ma vie quand j'ai découvert
que Dieu avait un plan pour moi.
Après mes études, je me demandais ce que j'allais
faire de ma vie. À la messe de minuit, la veille
de Noël, j'ai demandé à Dieu :
« Que veux-tu que je devienne ? »
Alors, j'ai entendu une sorte de voix intérieure
qui me répondait : « Franciscain du Bronx. »

Franciscain du Bronx, ce n'était pas
ce que j'avais en tête ! J'ai dit à Dieu : « Très
bien, mais il faut que tu m'expliques d'abord ! »
Et, pendant les cinq années qui ont suivi,
j'ai continué à chercher ma voie.
J'ai rencontré les pauvres et, peu à peu,
les pauvres m'ont façonné un cœur
de franciscain.

Au bout de cinq ans, j'ai fini par rendre visite
à ces franciscains.
C'est en écoutant l'un d'eux prêcher
que j'ai compris : la voix de Noël m'avait dit
la vérité. Là était ma place.
J'ai su que Dieu m'aimait et je l'ai suivi.

VII.

Dieu a laissé dans ma vie
un signe de Sa présence
à travers la prière.

Quelques années avant de devenir franciscain,
je m'étais retiré dans le silence d'un monastère
pendant quelques jours.
Et, dans le silence, Dieu m'a parlé.
J'ai pris un livre au hasard sur l'étagère
de ma cellule. Il racontait le baiser
de saint François à un lépreux
et il était écrit par un franciscain du Bronx.
Une fois encore, Dieu me montrait le chemin.

XIV
XIII
XII
XI

Puis j'ai reçu l'habit de saint François.

Épilogue

Si tu veux à ton tour voir des signes de Dieu

dans ta vie, tu peux dire cette prière :

« Mon Dieu, si Tu es là, fais que je te connaisse. »

Celui qui t'a tissé dans le sein de ta mère

d'en haut te regarde, et il te répondra.

Achevé d'imprimer en janvier 2021
Impression en Pologne chez Dimograf
Papier PEFC & encres végétales
N° d'édition : 21024
Dépôt légal : mars 2021

PEFC™
PEFC/32-31-076
Promouvoir la gestion
durable de la forêt
www.pefc-france.org